Pädagogische Konzepte und Interventionen. Grundlagen, Anwendung und Evaluation

Stefan S.

Bibliografische Information der Deutschen Nationalbibliothek:

Die Deutsche Nationalbibliothek verzeichnet diese Publikation in der Deutschen Nationalbibliografie; detaillierte bibliografische Daten sind im Internet über http://dnb.d-nb.de abrufbar.

ISBN: 9783346701527
Dieses Buch ist auch als E-Book erhältlich.

Druck und Bindung: Books on Demand GmbH, Norderstedt Germany
Gedruckt auf säurefreiem Papier aus verantwortungsvollen Quellen

Das vorliegende Werk wurde sorgfältig erarbeitet. Dennoch übernehmen Autoren und Verlag für die Richtigkeit von Angaben, Hinweisen, Links und Ratschlägen sowie eventuelle Druckfehler keine Haftung.

Das Buch bei GRIN: https://www.grin.com/document/1263702

Einsendeaufgabe

Pädagogische Konzepte und Interventionen

Alternative B
Pädagogische Konzepte: Grundlagen, Anwendung, Evaluation

hochgeladen am 20.12.2021 auf den eCampus

SRH Fernhochschule

Modul: Pädagogische Konzepte und Interventionen
Studiengang: B. Sc. Psychologie

von
Stefan S.

Studiengang: B. Sc. Psychologie

Abkürzungsverzeichnis

bspw.	beispielsweise
bzw.	beziehungsweise
PbL	Problem based Learning
s.	siehe
sog.	sogenannte
Tab.	Tabelle
z. B.	zum Beispiel

Abbildungsverzeichnis

Tabellenverzeichnis

1 Teilaufgabe 1: Theoretische Grundlagen pädagogischer Konzepte

Das erste Kapitel dieser Arbeit befasst sich mit den theoretischen Grundlagen pädagogisch-psychologischer Konzepte. Ein Grundverständnis für pädagogisch konzeptuelles Denken, welches in Unterkapitel 1.1 aufgearbeitet wird, ermöglicht eine fokussierte Auseinandersetzung mit komplexeren Themenstrukturen. In Unterkapiteln 1.2 werden die wissenschaftlichen Berührungspunkte und philosophischen Grundannahmen der Pädagogik erläutert. Abschließend wird in Unterkapitel 1.3 ein Exkurs in die Lehr-Lern-Forschung gemacht, um zu zeigen, welche Rolle pädagogische Konzepte im Bildungsprozess haben und auf welche Weise sie einzusetzen sind.

1.1 Merkmale pädagogischer Konzepte

Ein Konzept beschreibt grundsätzlich einen klar umrissenen Plan für ein bestimmtes Vorhaben und bildet ein passendes Handlungsmodell, das die Inhalte, Methoden, Verfahren und Ziele durch explizite Begründung und Rechtfertigung in einen Zusammenhang bringt. Jedes Konzept ist stets in dessen gesellschaftlich-historischem Entstehungs- und Anwendungskontext zu verstehen, wodurch ältere Konzepte heutzutage oftmals keinen pädagogischen Nutzen mehr finden. Konzepte sind das Ergebnis soziohistorischer Bedingungen wie dem Kommunismus oder sie gelten als Handlungsmodell, welches für ein gesellschaftliches Phänomen entworfen wird und es verstärken, eindämmen oder verändern soll. Ein Konzept kann gezielt Organisationsprozesse wie Interventionen steuern, indem sie Individuen oder Gruppen in ihrem Verhalten beeinflussen. Es existieren jedoch ebenfalls Konzepte, die entworfen wurden, um unabhängig von Geschichte und Zeit zu wirken, wie beispielsweise das Konzept der Utopie.[1] Werden Konzepte im pädagogischen Rahmen formuliert, sind sie als eine schriftliche Darstellung pädagogischer Arbeiten zu verstehen, die durch eine pädagogische Institution gestützt werden und Bildungsprozesse sowie deren kontextuelle Rahmenbedingungen beschreiben.[2] Ein pädagogisches Konzept fußt auf den Grundgedanken und Leitbildern der Pädagogik und setzt sich aus Lernzielen und Lehrhandlungen zusammen, durch die pädagogische Maßnahmen zur praktischen Umsetzung abgeleitet werden können. Dabei basiert jedes Konzept auf einer

---

[1] Vgl. Geißler/Hege (2001), S. 23-24
[2] Vgl. Böcher/Ellinghaus (2013); zitiert nach Nungäßer (2017), S. 32

pädagogisch-ethischen Grundhaltung gegenüber Situationen, Prozessen und Menschen, das von historischen und gesellschaftlichen Rahmenbedingungen abhängig ist.[3] Wenn ein Konzept bspw. im 20. Jahrhundert entwickelt wurde, kann es sein, dass der Inhalt, die Methoden oder die Ziele nicht mehr mit der ethischen Grundhaltung heutiger Pädagogen vereinbar sind und dadurch abgelehnt oder erneuert werden müssen.

Ein wichtiger Teilaspekt eines Konzepts ist die Methode als „vorausgedachter Plan der Vorgehensweise"[4]. Hier werden die Verfahren und Mittel beschrieben, mit denen das Ziel erreicht werden soll, wobei es abhängig vom pädagogischen Bereich zu unterschiedlichen Methodenansätzen kommen kann. Grundsätzlich lassen sich pädagogische Interaktionen wie Gruppenarbeiten, zeitliche Eingrenzungen, verfügbare Budgets und eingesetzte Materialien festlegen, die die Methodengrundlage eines Konzepts bilden.[5] Ein wichtiger Aspekt hierbei ist die dauerhafte Zielgerichtetheit des Pädagogen, sodass eine Herauslösung aus dem Konzept verhindert wird und das subjektive Problem des Einsatzfeldes im Fokus der pädagogischen Handlung bleibt. Das Ziel und die Methoden befinden sich dauerhaft in einer gegenseitigen Wechselwirkung. Wenn die Methoden nicht an das spezifische Problemfeld oder Subjekt angepasst sind, kann dies negativ wirken.[6] Somit lässt sich postulieren, dass eine Methode stets personenadäquat angewendet und an das Problem mit Blick auf dessen historische und gesellschaftliche Bedingungen angepasst werden muss.[7] Zusammenfassend lassen sich folgende Merkmale pädagogischer Konzepte festlegen: Idee pädagogischen Handelns, erkenntnistheoretische Grundlage, Zielgruppenorientierung, Methodengrundlage und Prozessentwicklung. Bei der pädagogischen Idee handelt es sich um das Grundgerüst des Konzepts, das die Motivation, Ziele und Methoden beschreibt, nach denen der Pädagoge handelt.[8] Somit ist der kompetenzorientierte Unterricht eine pädagogische Idee, die es den Schülern ermöglichen soll, selbstbestimmt die Unterrichtsthemen durchzugehen und abhängig von ihren Kompetenzen gefördert und unterstützt zu werden, sodass man sie durch das Curriculum führen kann, anstatt sie zu ziehen. Sie bestimmen die Denkweisen und Handlungen des Pädagogen und sind stets abhängig von geschichtsgebundenen soziopolitischen Phänomenen und den davon geprägten konservativen Erziehungsmethoden. Ein weiteres Merkmal ist die Orientierung an der Zielgruppe und einer damit verbundenen Eingrenzung der Gruppenheterogenität.

---

[3] Vgl. Nungäßer (2017), S. 33
[4] Geißler/Hege (2001), S. 24
[5] Vgl. Nungäßer (2017), S. 34-35
[6] Vgl. Geißler/Hege (2001), S. 25
[7] Vgl. Geißler/Hege (2001), S. 28
[8] Vgl. Nungäßer (2017), S. 34

Wird bspw. ein Unterrichtskonzept für die Unterstufe entworfen, müssen sich die Methoden und Verfahren an dem Altersbereich der Schüler orientieren. Auch die Methodenwahl ist abhängig von den pädagogischen Zielen und muss an die Subjekte und das Problem angepasst sein. Um den Verlauf pädagogischer Geschehnisse und die Evaluationsmethoden zu erläutern, ist die Entwicklung eines Managementprozesses notwendig, dass das gesamte Konzept theoretisch definiert und dessen praktische Umsetzung beschreibt[9].

1.2 Philosophische Grundannahmen

Ein Philosoph verfolgt das Ziel, sowohl die Existenz des Menschen als auch die der Welt zu interpretieren, zu verstehen und zu erklären, wobei er stets im Sinne der Wissenschaft handelt und sich an ihren Grundlagen orientiert.[10] Die wissenschaftliche Philosophie ergibt sich aus vier Grundwissenschaften, die einen großen Einfluss auf alle Fachwissenschaften ausüben: Logik, Ethik, Ästhetik und Ideologie[11]. Die Aufgabe der Logik liegt darin begründet, herauszustellen, ob die vermeintliche Wahrheit den qualitativen Maßstäben des menschlichen Denkens gerecht wird und folglich logisch ist. Die Ethik hingegen befasst sich mit dem Ausbau eines zielbewussten und moralisch vertretbaren Handelns als Voraussetzung wissenschaftlicher Forschungen. Als die Schöpfung des menschlichen Verstandes hat die Wissenschaft auch eine ästhetische Qualität, die die Beschaffenheit der verschiedenen Komponenten beschreibt, womit sich die Ästhetik befasst.[12] Während sich die Logik, Ethik und Ästhetik mit den Dingen beschäftigen, legt die Ideologie eine allgemeine Theorie der Dinge fest und betrachtet sie als Ideen.[13]
Um Erkenntnisse über die Welt und den Menschen zu gewinnen, bedient sich die Philosophie der Wissenschaft der Hermeneutik, Dialektik, Phänomenologie und Empirie.[14] Durch das hermeneutische Verfahren der Erkenntnisgewinnung ist der Mensch in der Lage, die Welt unvoreingenommen und objektiv wahrzunehmen und sich ausschließlich auf Tatsachen zur Ergründung der Dinge zu stützen.[15] Im Rahmen des dialektischen Verfahrens werden Eindrücke mithilfe einer These und einer Gegenthese auf ihre Wahrheit

---

[9] Vgl. Nungäßer (2017), S. 34
[10] Vgl. Leisegang (1960), S. 5
[11] Vgl. von Pauler (1925), S. 6
[12] Vgl. von Pauler (1925), S. 2-3
[13] Vgl. von Pauler (1925), S. 6
[14] Vgl. Schischkoff & Schmidt (1978); zitiert nach Nungäßer (2017), S. 13
[15] Vgl. Riesenhuber/Haeffner (2010), S. 201-202

hin überprüft, sodass neue Erkenntnisse erschlossen werden können.[16] Die Phänomenologie beschreibt die Dinge als solche auf Grundlage von objektiven Beobachtungen.[17]
Demgegenüber steht das empirische Verfahren, bei dem sinnliche Daten erkannt werden,
um anhand von Fakten Hypothesen zu falsifizieren oder zu bestätigen.[18]
Der wichtigste Teilbereich der Philosophie für das pädagogisch-psychologische Verständnis menschlicher Wirklichkeitsauffassung und Wissensaneignung ist die Erkenntnistheorie, die grundlegende Antworten auf die Frage nach der Wahrheit der menschlichen Erkenntnis sowie dem Sinn und Wesen der Dinge liefert. Das Erkennen von Sinn
und Wesen wird als Verstehen bezeichnet.[19] Alle Theorien und Konzepte im Rahmen des
Lehr-Lern-Prozesses beruhen auf den Grundlagen der Erkenntnistheorie. Die Erkenntnis
über die Dinge wird als das Ergebnis eines Erkenntnisprozesses verstanden, durch das
der Mensch über die Dinge lernt und sich Wissen aneignet. Wird die Erkenntnis durch
Lehre vermittelt, kann von einem Prozess der Informationsvermittlung gesprochen werden, welches ebenfalls auf erkenntnistheoretischen Grundlagen basiert.[20] Dieses Zusammenwirken von Erkennen und Lernen offenbart den Zusammenhang zwischen der Philosophie, die der Frage nachgeht, wie der Mensch zur Erkenntnis gelangt und der pädagogischen Psychologie, welche den psychischen Ablauf während der Wissensaneignung
und -vermittlung erforscht. Um über die Welt lernen zu können, muss diese erst als Welt
erkannt werden, doch damit eine Erkenntnis gelingt, bedarf es eines Lernprozesses.[21]

1.3 Lehren und Lernen

Für die Anwendung pädagogischer Konzepte ist das Verständnis des Lehr-Lern-Prozesses besonders wichtig. Ein Lehrer kann nicht lehren, ohne vorher verstanden zu haben,
wie seine Schüler lernen. Betrachtet man den Lernprozess auf neuronaler Ebene, wird
neues Wissen in Form von Informationen durch Neuronen im Gehirn empfangen, geleitet
und übertragen, sodass sie in ein bereits bestehendes neuronales Netzwerk integriert und
zugleich in sogenannte neuronale Aktivierungen modifiziert werden, um die

[16] Vgl. Schöndorf (2010), S. 83-84
[17] Vgl. Ponsetto (2010), S. 357
[18] Vgl. Haeffner (2010), S. 110
[19] Vgl. Leisegang (1960), S. 30
[20] Vgl. Leisegang (1960), S. 29
[21] Vgl. Nungäßer (2017), S. 27-28

8

Informationen im Arbeits- oder Langzeitgedächtnis zu speichern[22]. Dabei lassen sich deklaratives, prozedurales und metakognitives Wissen unterscheiden. Deklaratives und prozedurales Wissen beschreiben fachliche Kenntnisse und Strategien, wobei deklaratives Wissen Fakten- und Zusammenhangswissen wie Grammatikregeln umfasst und prozedurales Wissen das Können einer Fähigkeit beschreibt. Metakognitives Wissen hingegen ist das Bewusstsein über den Sinn eines Prozesses.[23] Auf welche Weise die Schüler am einfachsten lernen, hängt neben der angewendeten Lernstrategie auch vom individuellen Lerntyp ab: Auditiver, visueller, haptischer und intellektueller Lerntyp. Beim auditiven Lerntyp werden Informationen über den Gehörsinn aufgenommen und gespeichert, während sich der visuelle Typ auf Beobachtungstechniken verlässt. Der haptische Lerntyp muss praktisch tätig werden, anders als der intellektuelle Typ, welcher sich nur auf sein Denkvermögen verlässt.[24] Die Wahl einer Lernstrategie obliegt den Lernenden selbst. Auf kognitiver Basis können Informationen entweder oberflächlich durch Wiederholung oder tiefergreifend durch Wissensverinnerlichung erlernt werden. Bei komplexen Lernstrategien auf metakognitiver Ebene werden die Lernstufen einzeln geplant und der eigene Fortschritt analysiert, wobei das Lernverhalten von der Aufgabe abhängt.[25]

In der pädagogischen Psychologie geht man davon aus, dass das Denken ein konstruktiver Vorgang ist.[26] Der Konstruktivismus ist eine erkenntnisphilosophische Position, die durch den Entwicklungspsychologen Jean Piaget in die Psychologie eingeführt wurde. Piaget postuliert, dass der Mensch mit einer verändernden oder erkennenden Intention auf die Welt zugeht.[27] Dadurch, dass der Begriff des Konstruktivismus auch außerhalb der Psychologie verwendet wird, fällt eine Definition entsprechend ungenau und interpretativ aus, weshalb keine einheitliche konstruktivistische Lerntheorie existiert. Dennoch sind sich die meisten Konstruktivisten einig, dass sich der Lernende sein Wissen selbst konstruiert, indem er eigenständig darüber entscheidet, was, wann, wie und warum gelernt wird. Aufbauend auf diesen Grundannahmen gestaltet der Lehrende sein Lehrsetting, sodass der Lernende eigenständig arbeiten und bei Problemen externe Unterstützung durch den Lehrenden erwarten kann.[28]

[22] Vgl. Gerrig (2018), S. 94-95; Mietzel (2017), S. 272
[23] Vgl. Renkl (2020), S. 4-5
[24] Vgl. Vester (1975); zitiert nach Mietzel (2017), S. 97
[25] Vgl. Perels/Dörrenbächer-Ulrich/Landmann/Otto/Schnick-Vollmer/Schmitz (2020), S. 46-47
[26] Vgl. Woolfolk (2008), S. 514
[27] Vgl. Flammer (2017), S. 933
[28] Vgl. Woolfolk (2008), S. 514-515

2 Teilaufgabe 2: Das Konzept „Problem based Learning (PbL)"

Das zweite Kapitel thematisiert das konstruktivistische Konzept des PbL, indem zuerst in Unterkapitel 2.1 eine Begriffsdefinition des problembasierten Lernens unternommen wird, um anschließend in Unterkapitel 2.2 die Grundlagen und Anwendung des Konzepts auszuführen. Unterkapitel 2.3 widmet sich dem Ablauf des PbL-Prozesses im Rahmen des Unterrichts anhand der sog. Siebensprungmethode. Die theoretischen Erkenntnisse sollen dann in Unterkapitel 2.4 an einem praktischen Beispiel angewendet werden.

2.1 Was ist problembasiertes Lernen?

„Die Lehrenden präsentieren den Lernenden nicht mehr den fertig vorbereiteten Unterrichtsstoff, sondern begleiten diese in ihrem Lernprozess."[29] Dadurch ist PbL nicht nur als eine Lehr-Lern-Methode zu verstehen, sondern auch als eine Unterrichtsphilosophie. Der Lehrende bereitet den Unterricht so vor, dass die Lernaufgaben ein Problem oder eine Fragestellung mit Bezug zur Realität beinhalten, welche durch die Lernenden bearbeitet werden sollen. Dabei müssen die Aufgaben an das vorhandene Wissen der Schüler anknüpfen und zudem neue, unbekannte Informationen enthalten, sodass durch die Bearbeitung neue Lernziele erreicht werden. Während des Unterrichts fungiert die Lehrperson als unterstützende Instanz, die den Lernenden beim Suchprozess behilflich ist und sie anregt, selbstständig Lösungen zu finden. Somit beginnt der Lernprozess mit der Problemstellung und nicht mit der Behandlung des Unterrichtsstoffes. Den Lernenden soll es ermöglicht werden, Lernstoff eigenständig oder in Gruppen zu erarbeiten und dabei gleichermaßen erfolgreich zu sein wie eine Lehrkraft.[30]

Die Anfänge des Konzepts gehen auf Howard Barrows zurück, der in den 1960er-Jahren an der McMaster-University eine neue Ausbildungsform zur Optimierung des medizinischen Studiums einführen wollte.[31] Das Ziel war es, den klassischen Frontalunterricht durch eine effizientere Form der Lehre zu ersetzen, bei der erworbenes Wissen auf alltägliche Situationen angewendet werden kann, ohne dabei den wissenschaftlichen Hintergrund zu vernachlässigen. Aufbauend auf dieser Kernidee entwickelte sich eine

[29] Schwarz-Govaers (2008), S. 13
[30] Vgl. Schwarz-Govaers (2008), S. 13-14
[31] Vgl. Barrows (1985); zitiert nach Zumbach (2003), S. 19

eigenständige Form des Kleingruppenunterrichts, die das lernende Individuum in seiner persönlichen Meinung, seinen Interessen und Bedürfnissen während der Ausbildung stärker berücksichtigte und die typische Wissensvermittlung von einer Lehrperson hin zu einer großen Anzahl an Schülern beendete.[32] Barrows (1986) zufolge zeichnet sich PbL darin aus, dass neues Wissen stets mit der Intention vermittelt wird, praktischen Gebrauch zu finden. Hierfür sollen die Schüler Kompetenzen für die Problemlösung und für selbstgesteuertes Lernen erwerben, wodurch zusätzlich die Motivation gesteigert wird.[33]

Wie der Begriff des problembasierten Lernens vermuten lässt, bildet die Bearbeitung eines realistischen Problems die Grundlage des Wissenserwerbsprozesses. Die Konfrontation mit der Problemstellung kann dabei in Form von Texten oder mithilfe verschiedener Medien erfolgen. Damit das Unterrichtskonzept auch auf das gesamte Curriculum angewendet werden kann, sind eine präzise und auf ein vordefiniertes Lernziel angepasste Problemauswahl, -gestaltung und -anordnung unabdingbar. Die Bearbeitung der Problemstellung erfolgt stets in festgelegten Kleingruppen, die langfristig miteinander lernen sollen. Innerhalb der Lerngruppe stellen die Schüler gemeinsam fest, was sie bereits wissen bzw. was sie selbstständig noch erlernen müssen, um das Problem zu lösen. Dadurch erarbeiten sie eine gemeinsame Ausgangslage, sodass sie ihre Lernziele verschriftlichen und im Rahmen eines individuellen und selbstständigen Lernprozesses abarbeiten können. Abhängig davon, wie komplex ein Problem ist oder ob eine vorgegebene Lösung erreicht werden muss, obliegt es den Kleingruppen, die Lernziele nach einer gewissen Zeit erneut aufzugreifen, zu diskutieren und zu definieren. Während des Lernprozesses werden die Schüler durch einen oder mehrere Tutoren begleitet, indem sie als Gesprächsführung dafür sorgen, dass die Diskussionen innerhalb der Gruppe ausgewogen und zielführend sind, Inhalte hinreichend vertieft werden und Lernmaterialien zur Verfügung stehen. Sie stellen eine signifikante Bedeutsamkeit für die organisatorischen Aspekte des Unterrichts und für die Verfügbarkeit von Lernressourcen dar. Bei PbL steht den Schülern eine Kombination unterschiedlicher Ressourcen zur Verfügung. Neben den Informationen, die die Problemstellung beinhaltet, haben sie die Möglichkeit, fehlendes Wissen durch begleitende Vorlesungen, Seminare und Unterrichtsveranstaltungen sowie durch spezifische Literaturangaben zu vervollständigen. Weitere Lernressourcen stellt die Lehrperson selbst mit ihrem Hintergrundwissen oder ihren Lösungsstrategien dar.[34]

---

[32] Vgl. Zumbach (2003), S. 19
[33] Vgl. Barrows (1986); zitiert nach Zumbach (2003), S. 19
[34] Vgl. Zumbach (2003), S. 20-22

11

2.2 Grundlagen und Anwendung des Konzepts

Das Konzept des PbL beruht auf einer konstruktivistischen Unterrichtsphilosophie, die sich vom klassischen Frontalunterricht abwendet und Wissen als ein Produkt aktiver und individueller, in sozialer Gemeinschaft ausgearbeiteter Konstruktionsprozesse definiert. Konkret lassen sich dabei fünf Prozessmerkmale ableiten, welche Lernen als einen konstruktiven, aktiven, selbstgesteuerten, problemorientierten und sozialen Prozess verstehen. Der Lehrende orientiert sich bei der Ausgestaltung eines problembasierten Lernsettings daran, wie Wissen konstruiert wird und wie der Transfer zwischen Theorie und Praxis stattfindet. Es hat sich gezeigt, dass PbL den konstruktivistischen, kognitiven und neurowissenschaftlichen Erkenntnissen aus der Lernpsychologie entspricht und dem klassischen Frontalunterricht in Bezug auf Effizienz und Lernerfolg überlegen ist.[35]

Ein konstruktiver Lernprozess zeichnet sich dadurch aus, dass sich die Schüler ihr Wissen mithilfe persönlicher Ressourcen aufbauen und bei der Aufgabenbearbeitung ihre subjektiven Erfahrungen interpretieren, welche von Vorwissen, Überzeugungen und Einstellungen sowie von kognitiven Schemata, also relativ stabilen, bewussten oder unbewussten Grundannahmen abhängig sind.[36] Die aktive Beteiligung am Lernprozess und die Motivation, neues Wissen zu erlernen, zeichnen sich in der Effizienz und im Ausmaß eigener Steuerung und Kontrolle innerhalb der Lernsituationen aus und bilden wichtige Bestandteile eines erfolgreichen konstruktivistischen Unterrichtsablaufs.[37] Der Lehrende fungiert lediglich als Begleitung im Lernprozess, wobei es dennoch in seiner Verantwortung liegt, das Lernangebot effizient, transferwirksam und praxisnah zu gestaltet.[38] Damit Lernen als problemorientierter und situierter Prozess gelten kann, müssen die Aufgabenstellungen spezifisch und auf die Situation bzw. das Anwendungsfeld bezogen sein.[39] Die Bearbeitung in Kleingruppen und die Verknüpfung von subjektivem und objektivem Wissen ermöglicht es den Lernenden zu erkennen, dass sie sich Wissen eigenständig aneignen können.[40] Damit ist der Lernprozess als ein interaktives soziales Geschehen zu verstehen, in dem die Kleingruppen als Erfahrungs- und Lerngemeinschaften zusammenarbeiten.[41]

---

[35] Vgl. Weber (2007), S. 16-17
[36] Vgl. Weber (2000); zitiert nach Weber (2007), S. 17
[37] Vgl. Reinmann-Rothmeier/Mandl (1997); zitiert nach Weber (2007), S. 17
[38] Vgl. Weber (2000); zitiert nach Weber (2007), S. 17
[39] Vgl. Reinmann-Rothmeier/Mandl (1997); zitiert nach Weber (2007), S. 17
[40] Vgl. Weber (2000); zitiert nach Weber (2007), S. 17
[41] Vgl. Reinmann-Rothmeier/Mandl (1997); zitiert nach Weber (2007), S. 17

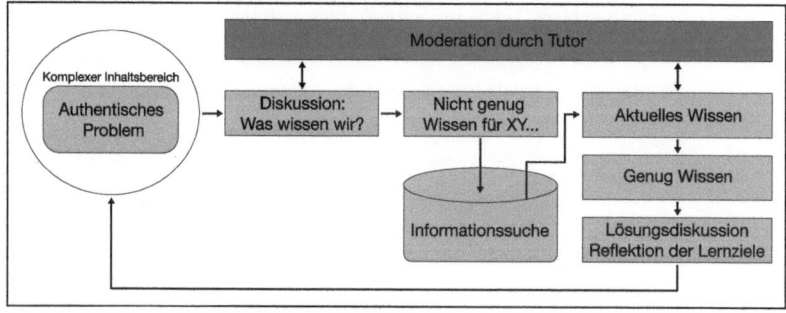

Abbildung 1: Der PbL-Prozess.
(Quelle: Eigene Darstellung in Anlehnung an Zumbach (2003), S. 22.)

Der prototypische Ablauf des PbL-Prozesses kann in vier Stufen unterteilt werden und ist als ein geschlossener Kreis zu verstehen (siehe Abbildung 1), der mehrmals mit aufeinander aufbauenden, im Curriculum festgelegten Aufgabenstellungen durchlaufen wird.[42] Die Problemstellungen dienen einer repräsentativen Präsentation eines komplexen Inhaltsbereichs und sind stets authentisch und eher unstrukturiert. Dadurch, dass Ausgangszustand und Endzustand nicht kongruent zueinander sind, wird der Wissenserwerbsprozess innerhalb der Kleingruppen verstärkt. Es muss ein optimaler Anforderungsbereich an die Lernenden herrschen, sodass sie sich in einem Rahmen zwischen Unter- und Überforderung bewegen. Solange ein Problem und dessen Aspekte nicht geklärt sind, führen die Kleingruppen Diskussionen, erläutern alternative Lösungsansätze und setzen die Lernziele wiederholt in Verbindung zur Problemstellung. Abschließend erfolgt eine Reflexion des Problems, damit die Einheit beendet werden und die Gruppe mit der Bearbeitung einer neuen Aufgabenstellung beginnen kann.[43]

2.3 Lernsettings: Die Siebensprungmethode

Die bekannteste Vorgehensweise zur Bearbeitung von Problemaufgaben im Rahmen des PbL ist die Siebensprungmethode (s. Tabelle 1), bei der sieben Stufen definiert werden, die sich in drei Lernphasen unterteilen. Die Stufen der ersten Problemanalyse beinhalten die Begriffsklärungen, Problembestimmungen, Problemanalysen, Erklärungen und Lernfragenformulierungen. Die Phase der Wissensaneignung findet als einzige Stufe ohne die

---

[42] Vgl. Zumbach (2003), S. 22
[43] Vgl. Zumbach (2003), S. 22-23

13

Begleitung eines Tutors im Selbststudium statt und dient der Informationsbeschaffung. Die dritte Lernphase ist die vertiefte Problemanalyse, welche die letzte Stufe der Siebensprungmethode beinhaltet und den Informationsaustausch einleitet.[44]

Stufen	Tutor-Begleitung?	Lernphasen
1. Begriffe klären	Ja	
2. Probleme bestimmen	Ja	
3. Probleme analysieren	Ja	Erste Problemanalyse
4. Erklärungen ordnen	Ja	
5. Lernfragen formulieren	Ja	
6. Informationen beschaffen	Nein (Selbststudium)	Phase der Wissensaneignung
7. Informationen austauschen	Ja	Vertiefte Problemanalyse

Tabelle 1: Die Siebensprungmethode.
(Quelle: Eigene Darstellung in Anlehnung an Weber (2007), S. 31.)

Der erste Schritt dient dazu, unklare Begriffe gemeinsam zu klären, wodurch ein kollektives Verständnis innerhalb der Kleingruppe erlangt wird. Beim zweiten Schritt wird das Problem bestimmt, indem die Lernenden herausstellen, worum es in der Aufgabenstellung geht, welche Informationen unbekannt sind, was die Kernfrage sein könnte und welche Prozesse definiert werden müssen. Hierfür sollten die Gruppen ein oder mehrere Kernthemen formulieren, sodass auch mögliche Teilprobleme erkannt und schematisch aufgezeigt werden. Der dritte Schritt der Siebensprungmethode leitet die kreative und vielseitige Problemanalyse ein, bei der Ansätze zu Ursachen und Erklärungen gestellt werden und das Problem von mehreren Perspektiven aus betrachtet wird, um Parallelen zu finden. Die Erkenntnisse sollten niedergeschrieben werden, damit Assoziationen innerhalb der Gruppe entstehen und eine Überladung von Elementen verhindert wird. Im vierten Schritt folgt eine systematische Bestandsaufnahme der gesammelten Informationen und Erklärungen. Mithilfe eines Kartensystems sollten sich die Lernenden nun auf eine vorläufige Problemantwort einigen. Die Phase der Lernfragenformulierung ist der letzte Schritt vor dem Selbststudium. Die Lernenden müssen auf Grundlage der Informationen Fragen formulieren, ihr Lernmaterial eingrenzen und Prioritäten für den Lernprozess setzen. Dabei muss sich die Gruppe effektiv organisieren und Arbeitsparameter schaffen, bevor die bisherigen Schritte zusammen mit dem gesammelten Wissen evaluiert werden. Im Selbststudium fasst jeder Lernende seine Erkenntnisse zusammen und überprüft die Hypothesen, wobei die Arbeitsmenge unterhalb der Gruppe fair aufgeteilt wird.

---

[44] Vgl. Weber (2007), S. 29

Die Bearbeitung eines konkreten Themenfelds ermöglicht es, qualitative Ergebnisse zu erzielen, indem verschiedene Arten von Quellen verwendet werden. Die Schüler arbeiten über das Lernziel hinaus und erweitern ihr subjektives Wissen mit objektiven Informationen. Der letzte Schritt des Siebensprungs dient dem erneuten und abschließenden Informationsaustausch innerhalb der Kleingruppen. Die Mitglieder stellen einzeln ihre Ergebnisse des Selbststudiums und ihre finalen Antworten auf die Lernfragen vor. Dabei wird die anfänglich formulierte Hypothese aus dem vierten Schritt aufgegriffen und in Zusammenhang mit den endgültigen Ergebnissen gebracht. An dieser Stelle des Lernprozesses sollte die zentrale Frage der Aufgabenstellung beantwortet und das Problem gelöst sein.[45]

2.4 Ein Praxistransfer

Um die Anwendung des PbL anschaulicher zu gestalten, soll die Siebensprungmethode an einem Beispiel aus der Literatur angewendet werden. Aus Gründen der Qualitätssicherung beruhen die nachfolgenden Ausführungen auf einem Analysebeispiel einer Problemaufgabe gemäß dem Siebensprung nach Weber (2007).[46] Man stelle sich die folgende beispielhafte Aufgabenstellung „Transpiration"[47] vor:

Jan ist ein Fußballspieler und durch seine Position auf dem Platz besonders gefordert. Nach einem mühsamen Spiel an einem warmen Sommertag bemerkt er, dass es ihm nicht gut geht: Seine Muskeln zittern, er ist stark am Schwitzen und sein Kopf glüht vor Hitze.

Im ersten Schritt werden die Begriffe geklärt, wobei in diesem Fallbeispiel die Aufgabe verständlich ist und die Schüler folgende Schlüsselbegriffe herausstellen können: Warmer Sommertag, Muskulatur zittert, starkes Schwitzen, Kopf glüht. Mithilfe dieser Begriffe müssen die Lernenden in der zweiten Phase das Problem bestimmen und die Kernfragen definieren. Bei dem Beispiel könnte das Problem folgendermaßen formuliert werden: Die Kombination aus hohen Temperaturen und physischer Belastung führt zu verstärkter biologischer Aktivität im Körper, wodurch unter anderem Muskelzittern, erhöhte Schweißabsonderung und Hitzschläge auftreten können. Abhängig von diesem Hauptproblem werden die Kernfragen festgestellt. Diese sollten sich zuerst auf die offensichtlichen Merkmale wie das Zittern der Muskeln, die Schweißproduktion und die

---

[45] Vgl. Weber (2007), S. 35-36
[46] Vgl. Weber (2007), S. 39-40
[47] Vgl. van Meer (1994); zitiert nach Weber (2007), S. 39

15

Hitzesymptome beziehen, jedoch außerdem über das Problem hinausgehen und erläutern, wie die Symptome bei einem trainierten Sportler überhaupt auftreten können und ob das Muskelzittern möglicherweise auf weitere medizinische Ursachen zurückzuführen ist.

Im dritten Schritt fokussieren sich die Lernenden dann auf die Analyse der Kernfragen und gehen gemeinsam als Gruppe ins offene Brainstorming über, in der sie erste Hypothesen besprechen und subjektive Erfahrungen austauschen. Dabei könnte festgestellt werden, dass der Körper bei starken Leistungsanforderungen unter hohen Temperaturen deutlich mehr beansprucht wird und mit einer Weitung der Hautgefäße und erhöhter Durchblutung reagiert. Zusätzlich wird der Schweiß zur Abkühlung eingesetzt. Als Grund für das Zittern der Muskeln kann eine mangelnde Sauerstoff- und Zuckerversorgung determiniert werden. Es besteht die Wahrscheinlichkeit, dass die Lernenden von ähnlichen Erfahrungen berichten und damit subjektive Merkmale in die Diskussion miteinbringen. Im vierten Schritt müssen die gesammelten Erklärungen und Hypothesen systematisch in einer Mindmap oder Tabelle geordnet werden (s. Tab. 2).

Kreislauf	Äußerliche Temperaturen	Körperinterne Energieversorgung	Symptome
↓	↓	↓	↓
Erhöhte Durchblutung	Hitze wirkt negativ auf den Körper ein	Muskeln sind überarbeitet	Kopf glüht vor Hitze
	Abkühlung durch Schwitzen	Sauerstoff- und Zuckermangel	Muskelzittern
		Weitere Ursachen möglich	Starke Schweißproduktion
			Erhöhter Puls

Tabelle 2: Beispiel des vierten Schritts der Siebensprungmethode.
(Quelle: Eigene Darstellung in Anlehnung an Weber (2007), S. 39.)

Aufbauend darauf werden im fünften Schritt die Lernfragen formuliert, die die Schüler später im Rahmen ihres Selbststudiums bearbeiten müssen. Beim Beispiel könnten die Fragen z. B. die Rolle des Kreislaufs behandeln, die Temperaturregelung im Körper und die dazugehörigen Hautfunktionen thematisieren oder die Energieversorgung der Muskeln betrachten. Zusätzlich müssten die Lernenden das Zusammenwirken aller Symptome hinterfragen und sicherstellen, dass sie keine Informationen übersehen haben.

Im sechsten Schritt begibt sich jeder Lernende in das Selbststudium und bearbeitet die Lernfragen, dessen Ergebnisse dann im Rahmen der siebten Phase in der Gruppe vorgestellt und diskutiert werden. Anschließend darauf folgt eine Vorlesung durch den Lehrenden, die auf dem erarbeiteten Wissen aufbaut und die Gruppenarbeiten sowie gesammelten Ergebnisse in Bezug zum wissenschaftlichen Kontext setzt. Durch zusätzliche Begleitveranstaltungen können weitere Praxisbezüge zur Aufgabe hergestellt werden. Trainings zu Verhaltensmaßnahmen bei Hitzschlägen oder Übungen zur Verbesserung der Diagnosefähigkeiten könnten beispielhafte Unterrichtsschwerpunkte sein.[48]

3 Teilaufgabe 3: Evaluation pädagogischer Konzepte

Das letzte Kapitel befasst sich mit den Evaluationsmöglichkeiten pädagogischer Konzepte und stellt einen praktischen Anwendungszusammenhang zum PbL her. Zu Beginn wird in Unterkapitel 3.1 die Evaluation und dessen Umsetzung definiert, um ein einheitliches Grundverständnis zu erlangen. Das Unterkapitel 3.2 soll einen Einblick in die Möglichkeiten pädagogisch-psychologischer Evaluationsmodelle geben und dabei verdeutlichen auf welche Weise bestimmte Dinge mit gewissen Zielsetzungen evaluiert werden können. Im letzten Unterkapitel 3.3 wird der abschließende Praxisbezug hergestellt.

3.1 Grundlagen und Umsetzung

Mithilfe einer Evaluation sollen Sachverhalte wie Konzeption und Design oder Umsetzung und Nutzen sozialer Interventionsprogramme durch systematische Untersuchungen bewertet werden. Die gesammelten Daten müssen dabei den wissenschaftlichen Qualitätsstandards entsprechen und im Rahmen der empirischen Sozialforschung durchgeführt werden.[49] Diese wissenschaftliche Definition ist zwar verbreitet, jedoch nur geringfügig auf die Praxis übertragbar. Daher muss die Evaluation im Allgemeinen als eine methodische Bewertung von Handlungsalternativen definiert werden. Spezifikationen dieser Definition erfolgen in Abhängigkeit von dem jeweiligen Anwendungsgebiet.[50]

Der Beginn der Evaluationsforschung geht auf die 1960er-Jahre zurück und ist heute ein interdisziplinäres Forschungsfeld mit zahlreichen Ansätzen und Modellen, das sich der Bewertung und Optimierung von Sachverhalten widmet. Der Schwerpunkt einer Evaluation kann abhängig vom Forschungsziel unterschiedlich ausfallen und somit bspw. das

---

[48] Vgl. Weber (2007), S. 40
[49] Vgl. Soellner (2017), S. 538
[50] Vgl. Wottawa (2006), S. 662

Programmkonzept, die Umsetzung oder die Wirksamkeit eines Bewertungsgegenstandes betreffen. Der Schwerpunkt bestimmt die Evaluationsform, wobei unter anderem formative, summative, externe oder interne Evaluation unterschieden werden. Dabei sind ebenfalls die Kriterien zu beachten, nach denen bewertet wird, wie Effektivität, Effizienz oder Akzeptanz. Da eine Evaluation den Prinzipien der Nützlichkeit unterstellt ist, muss sie mehrere Funktionen erfüllen. So kann es sich zum einen um die Gewinnung von Erkenntnissen über Eigenschaften und Wirkungen der Sachverhalte handeln und zum anderen um die Förderung von Lern- und Dialogfunktionen unterhalb der Beteiligten. Außerdem kann es forschungsrelevant sein, dass eine Evaluation die Optimierungsfunktion erfüllt, indem eine ständige Verbesserung des zu bewertenden Sachverhaltes angestrebt wird.[51]

Die strukturierte Umsetzung einer wissenschaftlichen Evaluation lässt sich anhand von acht Schritten dokumentieren. Zu Beginn muss ein Entstehungszusammenhang hergestellt werden, der sich aus zwei Entscheidungen zusammensetzt. Zum einen muss über die Durchführung einer Evaluationsmöglichkeit entschieden werden und zum anderen sind die zu untersuchenden Bereiche festzulegen. Daraufhin kann mit der Entwicklung von Fragestellungen und Indikatoren begonnen werden. Zusammen mit der Konstruktion von Instrumenten sowie der Durchführung, Aufbereitung, Auswertung und Dokumentation des Evaluationsprozesses bilden diese drei Schritte den Begründungszusammenhang. Der abschließende Teil einer wissenschaftlichen Evaluation ist der Verwertungszusammenhang, wo entschieden wird, wer Zugang zu den Ergebnissen hat, wie die gesammelten Daten interpretiert werden und welche Konsequenzen sich daraus ziehen lassen.[52]

Damit ein Evaluationsmodell in der Praxis erfolgreich angewendet werden kann, müssen Kirkpatrick (2006) zufolge vier Umsetzungskriterien erfüllt werden: Reaktion, Lernen, Verhalten und Resultate. Die erste Evaluationsebene ist die der unmittelbaren Reaktionen, welche die Zufriedenheit, die Menge an Spaß, das Dabeisein und den Einbezug der Teilnehmer beinhaltet. Auf der Lernebene steht das erlernte Wissen im Fokus, wo der Aufbau von Wissensbeständen, das Wissen der Teilnehmer über Verhaltensalternativen sowie die Reflexion von Wissen und Verhalten betrachtet wird. Die Überprüfung konkreter Verhaltensänderungen und praktischer Anwendungen des Gelernten erfolgt auf der Verhaltensebene. In der letzten Evaluationsstufe werden die organisatorischen Resultate auf der Grundlage von Kostensenkungen und der Steigerung der Produktivität bewertet.[53]

---

[51] Vgl. Soellner (2017), S. 538-539
[52] Vgl. Köller (2020), S. 338
[53] Vgl. Kirkpatrick/Kirkpatrick (2006); zitiert nach Mienert/Pitcher (2011), S. 23

3.2 Pädagogisch-psychologische Evaluationsmöglichkeiten

Dadurch, dass Evaluationen in mehreren Bereichen eingesetzt werden und verschiedene Ziele und Schwerpunkte verfolgen, werden sie auf drei Modelle aufgeteilt. Das erste Modell ist die praxisorientierte Evaluation, die der direkten Verbesserung der Ist-Situation eines Sachverhalts dient. Des Weiteren existiert die entwicklungsorientierte Evaluation, die sich auf die Auswahl oder Optimierung von Ressourcen fokussiert, um z. B. Unterrichtsmaterial zu entwickeln. Das letzte Modell ist die theorieorientierte Evaluation, welche sich verstärkt auf eine wissenschaftliche Erkenntnisgewinnung spezifiziert.[54] Abhängig vom Lehrplan muss die Evaluationsform gewählt werden. Hierbei steht sich die Mikro- und Makroevaluation gegenüber, wobei sich Erstere auf einzelne Bewertungsaspekte bezieht, anstatt den gesamten Ablauf zu betrachten. Es ist zu klären, ob die Konzeptentwickler zugleich für die Evaluation verantwortlich sind, was einer inneren Evaluation entspricht oder ob Entwicklung und Bewertung im Rahmen der äußeren Evaluation getrennte Prozesse darstellen. Zuletzt ist zwischen summativen und formativen Evaluationen zu differenzieren. Die erste Variante führt nach dem Abschluss der Maßnahmen eine Ergebnisüberprüfung durch, während die zweite Form simultan mit den Maßnahmen realisiert wird und sowohl die Entwicklung kontrolliert als auch eine Optimierung anstrebt.[55] Zu beachten ist, dass in der Evaluationsforschung abhängig vom Einzelfall und den Zielen individuell entschieden werden muss, welches Modell am effektivsten ist.[56] Das sog. KIPP-Modell nach Stufflebeam (1967) definiert die vier Merkmale einer Evaluation, wobei die Bezeichnung auf die jeweils ersten Buchstaben der folgenden Begriffe zurückgeht: Kontext, Input, Prozess und Produkt. Bevor die Maßnahmen angewendet werden können, muss der Kontext der Evaluation geklärt sein. Dabei sind sowohl die Rahmenbedingungen als auch mögliche Probleme der Umsetzung zu analysieren. Durch den Evaluationsinput werden die Verfügbarkeit von Ressourcen, die Realisierungsmöglichkeiten und das Kosten-Nutzen-Verhältnis eingeschätzt. Während des Evaluationsprozesses sollte eine dauerhafte Durchführungskontrolle und Bewertung der Planung und Vorgehensweise stattfinden.[57] Das Produkt der Evaluation wird abschließend hinsichtlich der Wirksamkeit und abhängig von den erzielten Ergebnissen bewertet.[58]

---

[54] Vgl. Wulf (1975); zitiert nach Wottawa (2006), S. 662
[55] Vgl. Scriven (1991); zitiert nach Wottawa (2006), S. 662
[56] Vgl. Wottawa (2006), S. 663
[57] Vgl. Stufflebeam (1967), S. 129
[58] Vgl. Stufflebeam (1967), S. 131

Im pädagogisch-psychologischen Bereich lassen sich fünf Teilgruppen unterscheiden, die für die Evaluation und der Optimierung von Handlungsweisen bedeutend sind. Die erste Gruppe bilden die Zielvorgaben, die die Maßnahmen erfüllen müssen, wie bspw. die Auswirkungen von Studienplänen auf das gesamte Fach. Sollen hingegen die Folgen therapeutischer Interventionen evaluiert werden, stehen die Handlungsweisen einzelner Personen und damit die zweite Teilgruppe im Forschungsfokus. Die dritte Gruppe setzt sich aus Techniken und Verfahrensweisen zusammen, sodass bei der Evaluation von Trainingseinheiten die Verhaltensweisen der Teilnehmer auf Änderungen hin untersucht werden. Sollen die Auswirkungen einer Maßnahme der Entwicklungshilfe auf die Zahl der Analphabeten bewertet werden, handelt es sich um eine Programmevaluierung und die vierte Teilgruppe. Die letzte Gruppe bilden die Systeme wie zentrale Forschungseinrichtungen oder aber auch internationale Vergleiche von Schulleistungen.[59] Handelt es sich jedoch um die Evaluation von nur einer einzigen Handlungsweise, kann sich die Bewertung unter anderem an Teilnehmererwartungen, persönlichen und externen Zielsetzungen, vorhergehenden Situationen oder gruppenbezogenen Standards orientieren.[60]

3.3 Evaluation des problembasierten Lernprozesses

Die Vielzahl an wissenschaftlichen Evaluationsmethoden bietet auch Lehrkräften die Möglichkeit, Lernerfolgsbewertungen durchzuführen, die auf spezifische Aufgabenstellungen abgestimmt sind, um festzustellen, ob die angewendeten Maßnahmen zielführend und effektiv waren. Für die Evaluation des PbL-Prozesses und damit des Praxisbeispiels „Transpiration" bietet sich die Wahl einer Selbstevaluation durch die Teilnehmer an, da der Selbststeuerung des Lernprozesses beim PbL viel Bedeutung zusteht.

Um beurteilen zu können, ob die Maßnahmen nützlich für eine effektive Wissensaneignung sind, müssen Feedbackeinheiten integriert werden. Während die Evaluation der Lernenden durch sich selbst, die Lehrkraft und innerhalb der Gruppen stattfindet, wird die Lehrkraft durch die Schüler bewertet. Die Schwerpunkte der Teilnehmerevaluation liegen auf den ausgeübten Funktionen aller Beteiligten wie der Moderation, den Handlungsweisen, den Beiträgen und dem Einsatz. Außerdem werden die Problemaufgaben, das gesamte Modul und die Lernmaterialien in den Evaluationsprozess miteingebunden.[61]

---

[59] Vgl. Wottawa (2006), S. 663-664
[60] Vgl. Wottawa (2006), S. 668
[61] Vgl. Weber (2007), S. 158

Der wesentliche Bestandteil des PbL-Konzepts ist das gemeinsame und kooperative Lernen in kommunikativen Interaktionen, wodurch sich der Lernerfolg optimal mithilfe eines Feedbacks bestimmen lässt, da sich die Lernenden hier gegenseitige Rückmeldungen über ihren Lernfortschritt geben und somit die eigenen Leistungen reflektieren und gegebenenfalls verbessern können. Feedback-Geber sollten nur spezifische, objektive Beobachtungen in ihre Rückmeldungen miteinfließen lassen und sie so formulieren, dass der Feedback-Nehmer einen konstruktiven Nutzen daraus ziehen kann.[62] Am Ende eines Moduls kann im Rahmen der Qualitätssicherung die Arbeit des Lehrenden bewertet werden, indem andere außenstehende Lehrpersonen bspw. anhand von Skalensystemen und vorgeschriebenen Leitfragen ein kollegiales Feedback geben.[63] Auch das Gruppenklima stellt für die Evaluation einen wichtigen Forschungsbereich dar, weil eine freundschaftliche und kooperative Atmosphäre innerhalb der Gruppe stark zum Lernerfolg beiträgt. Die Erfassung des Klimas kann unter anderem mithilfe eines Stimmungsbarometers erfolgen oder die Gruppenmitglieder geben zum Ende der Unterrichtsstunde hin eine kurze Rückmeldung über positive sowie negative Beobachtungen.[64] Einmal pro Modul lässt sich der Lernprozess evaluieren, indem eine umfassende Befragung anhand eines Fragebogens durchgeführt wird, den die Lehrkraft dann an der Tafel auswertet. Dabei können Fragen bzgl. der Aufgabenbearbeitung, Gruppenzusammenarbeit, Gesprächsleitung und Tutoren in einer Likert-Skala beantwortet werden, um die Effektivität in den einzelnen Bereichen zu überprüfen.[65] Außerdem ist die Evaluation der Problemaufgaben zur Modifikation und Verbesserung von großer Bedeutung für den Lernerfolg. Das Problem kann hinsichtlich seiner Relevanz und Bedeutsamkeit für den Bildungswert evaluiert werden und ob ein Erfahrungstransfer stattfindet. Zusätzlich kann der Grad an Herausforderung bewertet werden, die die Aufgabe für die Lernenden darstellt, indem unter anderem die Komplexität des Problems erfasst wird. Auch die Formulierung, der Umfang, der zeitliche Aspekt und die Struktur der Aufgabenstellung sollten mithilfe passender Indikatoren anhand einer Skala erfasst werden. Zum Abschluss der Unterrichtsreihe kann mit einer Bewertung des gesamten PbL-Moduls der Evaluationsprozess beendet und die Ergebnisse für die Weiterentwicklung des Curriculums ausgewertet werden. Die Problemaufgaben, das Studienmaterial, das Modulprogramm, die Betreuung und das Modulheft sollten dabei im Fokus der Evaluation stehen.[66]

---

[62] Vgl. Weber (2007), S. 158-159
[63] Vgl. Keller (2005), S. 17
[64] Vgl. Brühwiler (1994), S. 61
[65] Vgl. van Meer (1994); zitiert nach Weber (2007), S. 163
[66] Vgl. Weber (2007), S. 164-165

Literaturverzeichnis

Barrows, H. S. (1985), How to design a problem-based curriculum for the preclinical years, 1. Aufl., New York.

Barrows, H. S. (1986), A taxonomy of problem-based learning methods. Medical Education, 20. Jg., Nr. 6, S. 481-486.

Böcher, H. / Ellinghaus, B. (2013), Erziehen, bilden und begleiten. Das Lehrbuch für Erzieherinnen und Erzieher, 2. Aufl., Köln.

Brühwiler, H. (1994), Methoden der ganzheitlichen Jugend- und Erwachsenenbildung, 2. Aufl., Opladen.

Flammer, A. (2017), Konstruktivismus. In: Wirtz, M. A. (Hrsg.), Lexikon der Psychologie, 18. Aufl., Bern, S. 933.

Geißler, K. A. / Hege, M. (2001), Konzepte sozialpädagogischen Handelns, 10. Aufl., Weinheim.

Gerrig, R. J. (2018), Psychologie, 21. Aufl., Hallbergmoos.

Haeffner, G. (2010), Erfahrung / Empirie. In: Brugger, W. / Schöndorf, H. (Hrsg.), Philosophisches Wörterbuch, 1. Aufl., Freiburg im Breisgau, S. 110-111.

Keller, H. (2005), Aufbau und Elemente einer Feedbackkultur, Qualitätsentwicklung an Mittel- und Berufsschulen des Kantons Zürich, Zürich.

Kirkpatrick, D. L. / Kirkpatrick, J. D. (2006), Evaluating Training Programs: The Four Levels, 3. Aufl., San Francisco.

Köller, O. (2020), Evaluation pädagogisch-psychologischer Maßnahmen. In: Wild, E. / Möller, J. (Hrsg.), Pädagogische Psychologie, 3. Aufl., Berlin, S. 335-374.

Leisegang, H. (1960), Einführung in die Philosophie, 4. Aufl., Berlin.

Mienert, M. / Pitcher, S. (2011), Pädagogische Psychologie. Theorie und Praxis des Lebenslangen Lernens, 1. Aufl., Wiesbaden.

Mietzel, G. (2017), Pädagogische Psychologie, 9. Aufl., Göttingen.

Nungäßer, R.-P. (2017), Pädagogische Konzepte und Interventionen. 1. Aufl., Studienbrief der SRH Fernhochschule. Riedlingen.

Perels, F. / Dörrenbächer-Ulrich, L. / Landmann, M. / Otto, B. / Schnick-Vollmer, K. / Schmitz, B. (2020), Selbstregulation und selbstreguliertes Lernen. In: Wild, E / Möller, J. (Hrsg.), Pädagogische Psychologie, 3. Aufl., Berlin, S. 45-66.

Ponsetto, A. (2010), Phänomenologie. In: Brugger, W. / Schöndorf, H. (Hrsg.), Philosophisches Wörterbuch, 1. Aufl., Freiburg im Breisgau, S. 357-359.

Reinmann-Rothmeier, G. / Mandl, H. (1997), An- und Herausforderungen an die Erwachsenenbildung. In: Weinert, F. E. / Mandl, H. (Hrsg.), Psychologie der Erwachsenenbildung, 1. Aufl., Bern, S. 366-371.

Renkl, A. (2020), Wissenserwerb. In: Wild, E / Möller, J. (Hrsg.), Pädagogische Psychologie, 3. Aufl., Berlin, S. 3-24.

Riesenhuber, K. / Haeffner, G. (2010), Hermeneutik. In: Brugger, W. / Schöndorf, H. (Hrsg.), Philosophisches Wörterbuch, 1. Aufl., Freiburg im Breisgau, S. 201-203.

Schischkoff, G. / Schmidt, H. (1978), Philosophisches Wörterbuch, 20. Aufl., Stuttgart.

Schöndorf, H. (2010), Dialektik. In: Brugger, W. / Schöndorf, H. (Hrsg.), Philosophisches Wörterbuch, 1. Aufl., Freiburg im Breisgau, S. 83-84.

Schwarz-Govaers, R. (2008), Problemorientiertes Lernen und subjektive Theorien – Was hat das eine mit dem anderen zu tun?. In: Darmann-Finck, I. / Boonen, A. (Hrsg.), Problemorientiertes Lernen auf dem Prüfstand, 1. Aufl., Hannover, S. 13-24.

Scriven, M. (1991), Evaluation thesaurus, 4. Aufl., London.

Soellner, R. (2017), Evaluation. In: Wirtz, M. A. (Hrsg.), Lexikon der Psychologie, 18. Aufl., Bern, S. 538-539.

Stufflebeam, D. S. (1967), The Use and Abuse of Evaluation in Title III. Theory Into Practice, 6. Jg., Nr. 3, S. 126-133.

Van Meer, K. (1994), Problemorientiertes Lernen. Referat zum 1. Internationalen Kongress zur Didaktik der Pflege. In: Schwarz-Govaers, R. (Hrsg.), Kongress-Sammelband, 1. Aufl., Aarau, S. 81-93.

Vester, F. (1975), Denken, Lernen, Vergessen: Was geht in unserem Kopf vor, wie lernt das Gehirn, und wann läßt es uns im Stich?, 1. Aufl., Stuttgart.

Von Pauler, A. (1925), Grundlagen der Philosophie, 1. Aufl., Berlin.

Weber, A. (2000), Eine transferwirksame und praxisnahe Ausbildung mit Skillslab und Problem-based Learning, 1. Aufl., Zürich-Fluntern.

Weber, A. (2007), Problem-Based Learning. Ein Handbuch für die Ausbildung auf der Sekundarstufe II und der Tertiärstufe, 2. Aufl., Bern.

Woolfolk, A. (2008), Pädagogische Psychologie, 10. Aufl., München.

Wottawa, H. (2006), Evaluation. In: Krapp, A. / Weidenmann, B. (Hrsg.), Pädagogische Psychologie, 5. Aufl., Weinheim, S. 659-688.

Wulf, C. (1975), Funktionen und Paradigmen der Evaluation. In: Frey, K. (Hrsg.), Curriculum-Handbuch, 1. Aufl., München, S. 580-600.

Zumbach, J. (2003), Problembasiertes Lernen, 1. Aufl., Münster.